Frisch, fromm, fröhlich

Reinhard Abeln

Frisch Fromm Fröhlich

Das kleine Humorbuch für Ministranten

benno

Bibliografische Information der Deutschen Nationalbibliothek
Die Deutsche Nationalbibliothek verzeichnet diese Publikation
in der Deutschen Nationalbibliografie;
detaillierte bibliografische Daten sind im Internet über
http://dnb.d-nb.de abrufbar.

Besuchen Sie uns im Internet:
www.st-benno.de

Gern informieren wir Sie unverbindlich und aktuell
auch in unserem Newsletter zum Verlagsprogramm,
zu Neuerscheinungen und Aktionen.
Einfach anmelden unter www.st-benno.de
(newsletter@st-benno.de)

ISBN 978-3-7462-3486-1

© St. Benno-Verlag GmbH
Stammerstr. 11, 04159 Leipzig
Umschlaggestaltung: Ulrike Vetter, Leipzig, unter Verwendung eines Bildes
von Ursula Harper, München
Gesamtherstellung: Kontext, Lemsel (A)

Inhaltsverzeichnis

Wer sich heute freuen kann, der soll nicht bis morgen warten.

Hallo, liebe Ministrantin, lieber Ministrant!

„Ein Tag ohne Freude ist ein verlorener Tag", sagt eine bekannte Redensart. Du wirst mir Recht geben, dass dieser Satz stimmt. Wir brauchen täglich etwas zum Freuen. Ohne Freude ist das Leben nicht zum Aushalten, ist jeder Tag langweilig und traurig.
Der französische Philosoph Blaise Pascal (1623–1662) hat einmal gesagt: „Der Mensch ist geboren für die Freude, er empfindet es und braucht dafür keinen Beweis." Freude ist wie ein schöner, bunter Schmetterling, dem wir – wie die kleinen Kinder – am liebsten nachjagen und den wir für immer einfangen möchten. In diesem Buch findest du eine Fülle von Beiträgen, die dir viel Freude bereiten werden. Dazu gehören schöne Lachgeschichten und Anekdoten, pfiffige Rätsel und

knifflige Fragen, lustige Spielideen für die Gruppen-stunde, verblüffende Gags und Zaubertricks für das Zusammensein mit deinen Freunden, Witze und Verse zum Lachen und spaßige Ideen zum Basteln und Ge-stalten. Und wenn du auf der Suche nach guten Sprü-chen und Weisheiten – etwa fürs Poesiealbum – bist, findest du hier ein reichhaltiges Angebot.

Dieses Buch ist keines, das du nur einmal zur Hand nimmst und dann für immer zur Seite legst. Im Ge-genteil: Du kannst und sollst immer wieder nach ihm greifen und darin blättern und lesen. Wer noch nicht weiß, wie viele Anlässe es zur Freude gibt, kann es aus diesem Buch erfahren.

Nun wünsche ich dir viel Spaß beim Lesen und Rum-schmökern in diesem Buch – dazu viel Glück und Got-tes Segen für deinen Ministrantendienst!

REINHARD ABELN

Minis fallen nicht vom Himmel

Witze und Geschichten der Ministranten

Die absolute Mehrheit

Dieter hat am Zeltlager der Ministranten teilgenommen. „Hat dir das Essen geschmeckt?", fragt die
Mutter, als er wieder zu Hause ist. „Es ging so", meint
Dieter, „leider hatten die Kartoffeln immer die absolu-
te Mehrheit."

Falschparker

Ministrant Stefan rennt auf
der Straße plötzlich zu einem
Polizisten und spricht diesen direkt an: „Kommen Sie
schnell mit!"

„Warum? Ist was passiert?"
„Unser Pfarrer hat falsch geparkt!"

Zu spät

„Warum kommst du ständig zu spät zur heiligen Mes-
se?", fragt der Pfarrer den Ministranten.
„Ich schaffe es nicht, pünktlich aufzuwachen."
„Hast du keinen Wecker?"
„Doch, aber der klingelt immer, wenn ich noch schlafe!"

Steile Karriere

Der Pfarrer erklärt seinen Ministranten, dass sie sich ihren Namenspatron zum Vorbild nehmen sollten.

„Wer war denn eigentlich mein Namenspatron?", interessiert sich Ministrant Gregor.

„Er war ein großer Papst", erläutert der Pfarrer.

„Gut", ist Gregor entschlossen, „dann werde ich auch nach dem Ministrantendienst Papst."

Ganz falsch gemacht

Der Pfarrer erwischt einige seiner Ministranten beim Stehlen der Erdbeeren im Pfarrgarten. Er holt die erschrockenen Missetäter ins Pfarrhaus und setzt den Jungen zur großen Überraschung einen Teller Erdbeeren mit Schlagsahne vor. Am Schluss meint er: „Jetzt seht ihr hoffentlich ein, wie falsch ihr beim Erdbeerstehlen gehandelt habt!"

„Ja", antwortet Felix, „wo wir sie doch bei Ihnen im Pfarrhaus mit Schlagsahne bekommen."

Das Gewissen

In der Ministrantenstunde war vom guten und schlechten Gewissen gesprochen worden. Schließlich fragt der Pfarrer: „Was hat ein Mensch, der keine Ruhe mehr hat und selbst nachts sich im Bett gequält herumwälzt?"

„Vielleicht Flöhe", glaubt Holger zu wissen.

Aberglaube ist Unsinn

In der Ministrantenrunde spricht der Pfarrer mit den Kindern über das Thema „Aberglaube".

„Wenn sich einer einen Teddybären ins Auto hängt und glaubt, dass der ihn vor Unglück bewahrt, dann ist das abergläubisch", erklärt er. „Oder auch, wenn sich einer vor der Zahl dreizehn fürchtet", ergänzt er.

Peter kann auch gleich die Ausführungen vom Pfarrer unterstreichen: „Mein Vater hat gesagt, dass er im Hotel immer zuerst nach dem Zimmer mit der Nummer dreizehn fragt. Wenn das frei ist, hat er Schwein gehabt, weil es oft billiger als die anderen Zimmer ist."

„Also, da könnt ihr sehen, dass Aberglaube Unsinn ist", erklärt der Pfarrer. „Genauso braucht man sich auch nicht zu fürchten, wenn einem eine schwarze Katze begegnet."

Da ist Michaela aber ganz anderer Ansicht.

„Dass man sich vor der schwarzen Katze nicht zu fürchten braucht, Herr Pfarrer, stimmt aber bestimmt nicht, wenn man eine Maus ist!"

Jetzt muss der Pfarrer lachen – und das gibt dem Freddy Mut genug zu verraten, dass er daheim über seinem Bett schon lange ein Hufeisen hängen hat. Da wird der

Pfarrer gleich wieder ernst und sagt: „Aber du glaubst den Unsinn mit dem Hufeisen als Glücksbringer jetzt hoffentlich nicht mehr!"

„Nein, überhaupt nicht", versichert Freddy, „aber ich habe gehört, dass es auch Glück bringen soll, wenn man nicht daran glaubt!"

Der Tüchtigste

„Wer ist denn der Tüchtigste in deiner Klasse?", fragt der Pfarrer seinen Ministranten Konrad.

„Och, das ist mein Freund Lutz", sagt der Junge. „Der kann seinen Kaugummi drei Meter weit spucken!"

Der beste Freund

Die Ministranten Karl und Fritz, zwei dicke Freunde, haben sich zerstritten und wollen nichts mehr miteinander zu tun haben.

„Mach dir nichts draus", versucht die Mutter ihren Karl zu trösten, „du findest ganz schnell wieder einen neuen Freund!"

Darauf kommt ein wenig traurig die Antwort: „So einen wie Fritz finde ich aber nicht mehr. Sein Vater ist nämlich Konditor!"

Robin Hood

In der Ministrantenrunde wird über das Thema „Reich und arm" gesprochen. Fragt der Pfarrer seine Ministranten:

„Warum hat zum Beispiel Robin Hood die Reichen ausgeraubt?"

„Weil die Armen nichts hatten."

„Bitte fünfmal Ihre Unterschrift!"

An Sir Montgomery, den berühmten Marschall des
Zweiten Weltkrieges, schrieb ein junger Pfadfinder und
Ministrant:

„Sir, seien Sie so lieb und schicken Sie mir freundli-
cherweise Ihre Unterschrift, und zwar fünfmal. Einmal
werde ich sie zu meiner Sammlung von Unterschriften berühmter Leute geben, die anderen tausche ich
gegen die Unterschriften der Beatles ein.
PS: Bitte, schicken Sie sie aber bald, bevor Sie sterben."

Die Wette

Ministrant Harry sagt zu seinem Religionslehrer: „Sie haben uns in der letzten Stunde erzählt, dass Gott überall hinsehen kann. Wetten, dass Sie nicht recht haben?"

Der Lehrer geht amüsiert auf das Angebot ein, und Harry fragt: „Kann Gott durch unser Haus sehen?"

„Aber natürlich!", antwortet der Religionslehrer.

Harry: „Kann er auch in unseren Keller sehen?"

„Aber sicher."

Da strahlt der Junge übers ganze Gesicht: „Sie haben verloren! Wir haben nämlich gar keinen Keller!"

Der gute Hirte

Der Pfarrer will den Ministranten das Bild vom Guten Hirten vermitteln.

„Wenn ihr meine Schäfchen seid – was bin ich dann?"

„Der Leithammel!", ruft Karin.

Dämlich

„Mensch, was machst du für ein dämliches Gesicht!", neckt Ministrant Jens seinen Freund Karl.

„Ich mache es erst, du hast es schon!", gibt Karl ihm hierauf zur Antwort.

Gutes Programm

Familie Wagner geht am Sonntag geschlossen in die Kirche. Nach dem Gottesdienst schimpft der Vater über den Pfarrer, die Predigt, den Kirchenchor, die Lieder, die Länge der Messe, die dicke Luft ...

Claudia, die zehnjährige Tochter und Ministrantin, versucht den Vater zu beruhigen: „Was willst du eigentlich, Vati? Für die fünfzig Cent, die du in den Klingelbeutel getan hast, war das Programm doch ganz ordentlich!"

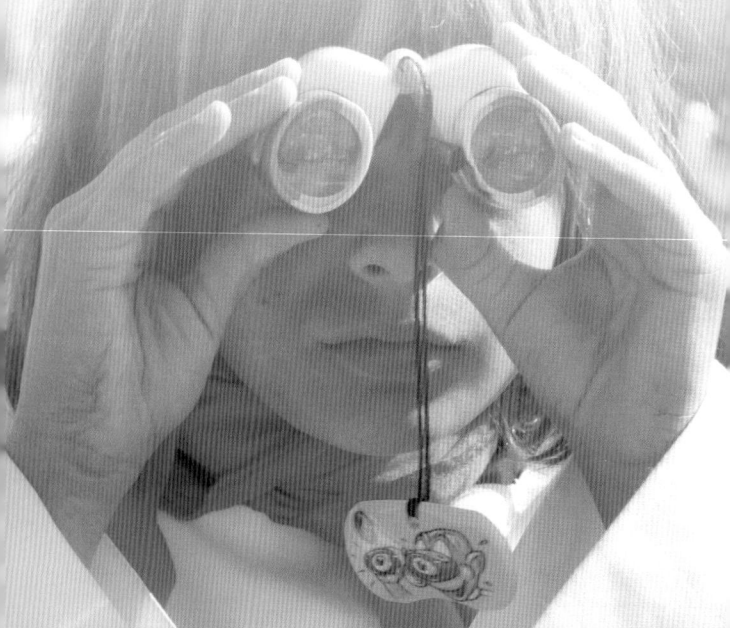

Pünktlich?

Ministrantin Anna huscht Sonntagmorgen zu spät in den Gottesdienst.

„Warum bist du zu spät zur heiligen Messe gekommen? Du hast doch Dienst, Anna! Nun musste ein anderer Ministrant deine Aufgaben übernehmen!", sagt der Pfarrer ein wenig verärgert zur Ministrantin.

„Ich bin zu spät zu Hause losgegangen."

„Und warum bist du dann nicht eher losgegangen?"

„Nun, es war eben schon zu spät, um früher loszugehen", stellt Anna fest.

Nicht nötig

„Bei wem wird denn zu Hause vor dem Essen noch gebetet?", erkundigt sich der Pfarrer in der Ministrantenrunde.

„Bei uns ist das nicht nötig", antwortet Rainer, „meine Mutter kocht ganz prima!"

Gotteslästerung?

„Was ist eine Gotteslästerung?", will der Pfarrer wissen. Ministrant Frank weiß die Antwort: „Wenn man zu jemandem ‚Grüß Gott' sagt und dabei denkt: ‚Hol dich der Teufel.'"

Entschuldigung

Ministrant Jens hat keine Lust, zur Ministrantenrunde zu gehen. Deshalb ruft er seinen Pfarrer an:
„Entschuldigen Sie bitte, Herr Pfarrer, aber ich möchte für heute meinen Sohn Jens entschuldigen, er ist nämlich krank."
„Gut, aber mit wem spreche ich?", fragt der Pfarrer.
„Mit meinem Vater!"

Wieso?

Der Pfarrer fragt den neuen Ministranten: „Wie heißt du?"
„Müller – aber ohne h!"
Da wundert sich der Pfarrer: „Wieso, Müller schreibt man doch immer ohne h."
„Das sag ich doch", lächelt der Junge.

„Tut mir leid"

Der Pfarrer knöpft sich seinen Ministranten Norbert vor.

„Hast du die Fensterscheibe in der Sakristei eingeworfen?", fragt er streng.

„Ja, tut mir leid, Herr Pfarrer. Ich war gerade dabei, meine Steinschleuder zu reinigen, da löste sich plötzlich ein Schuss."

Nicht vom Brot allein

Der Pfarrer und seine Ministranten sitzen nach dem Gottesdienst noch eine Weile zusammen. Der Pfarrer fragt nach seiner Predigt über Gottes Liebe noch einmal bei den Ministranten nach:

„Was will das Wort besagen, dass der Mensch nicht von Brot allein lebt?", fragt der Pfarrer in die Ministrantenrunde.

Markus weiß es und antwortet: „Es will besagen, dass auch noch Butter und Wurst dazugehören."

Die gute Tat

„Nun, Lukas", fragt der Pfarrer in der Ministranten-stunde, „hast du auch eine gute Tat getan, wie ich es euch beim letzten Mal geraten hatte?"

„O ja, das hab ich, Herr Pfarrer", antwortet der Junge. „Ich habe unseren Hund auf einen Mann gehetzt, der zum Bahnhof ging."

„So, und das nennst du eine gute Tat?", empört sich der Pfarrer.

„Ja, Herr Pfarrer", beteuert Lukas, „auf diese Weise hat er seinen Zug noch erreicht!"

Bellende Hunde

Der Pfarrer macht seinen Sonntagsspaziergang und sagt zu seinem Ministranten Markus, der am Wegrand steht: „Du brauchst keine Angst vor meinem Hund zu haben. Du kennst doch das Sprichwort: Hunde, die bellen, beißen nicht."

„Ja, Herr Pfarrer, wir beide kennen das Sprichwort, aber ich bin mir nicht sicher, ob der Hund es auch kennt!"

Krankenbesuch

Ministrant Bernd liegt mit einem gebrochenen Bein im Krankenhaus. Die Krankenschwester sagt zu ihrem Patienten: „Besuch darfst du nur von vier bis sechs empfangen." Überrascht erwidert darauf der Junge: „Au weh, in dem Alter kenn ich aber niemanden!"

Glück im Unglück

Ministrant Alexander hat sich an der rechten Hand bei einem Sturz verletzt.

„Meinen Sie, Herr Doktor, die Wunde an meiner Hand wird so heilen, dass ich in der Jugendgruppe der Kirche wieder Gitarre spielen kann?", fragt Alexander seinen Arzt.

„Ganz sicher!"

„Das ist super! Bis jetzt konnte ich nämlich nicht Gitarre spielen!"

Gefallen

Fragt der Arzt den Ministranten Johannes, der sich den Kopf angestoßen hat:

„Johannes, du gefällst mir überhaupt nicht!"

„Na, wenn ich ehrlich sein soll, Herr Doktor, muss ich sagen, dass Sie auch nicht gerade eine Schönheit sind!"

Im Wartezimmer

Ministrantin Susi ist mit ihrer Mutter beim Arzt. Da sehen sie im Wartezimmer ein Skelett. „Was ist denn das?", fragt das Mädchen beklommen die Mutter.

„Das bleibt von einem Verstorbenen übrig", antwortet diese.

„Ach", sagt Susi, „dann kommt also nur der Speck in den Himmel?"

Die Safari

Martin hat von seinem Paten eine Afrikareise geschenkt bekommen. Als er wieder zurück ist, gibt er mit seinen Abenteuern mächtig an und reiht eine Geschichte an die nächste. Auch der Bericht von der Begegnung in der Wüste mit dem Löwen darf natürlich nicht fehlen.

„An einem Tag in der Wüste war plötzlich ein Löwe hinter mir her. Ich, geistesgegenwärtig, klettere auf den nächsten Baum und kann ihm geradeso entwischen."

Sein Freund Willi unterbricht seine Schilderung plötzlich und sagt: „Aber Martin, in der Wüste gibt es doch gar keine Bäume."

„Menschenskind, das war mir doch in dem Moment völlig egal!"

Das gemästete Kalb

Der Pfarrer erzählt die Geschichte vom verlorenen Sohn. Er schildert den Ministranten, wie der verlorene Sohn von seinem alten Vater liebevoll wieder aufgenommen wird. Dann berichtet er den Kindern, wie der ältere Bruder sich über die Rückkehr des Verschwundenen ärgert und wie schließlich das gemästete Kalb extra für ein Festmahl geschlachtet wird.

Bei der Wiederholung der Geschichte fragt der Pfarrer bei den Ministranten nach: „Einen gab es, der sich nicht über die Rückkehr des verlorenen Sohnes freuen konnte. Wisst ihr, wer das war?"

Ministrantin Melanie weiß es, zeigt blitzschnell auf und antwortet: „Das gemästete Kalb!"

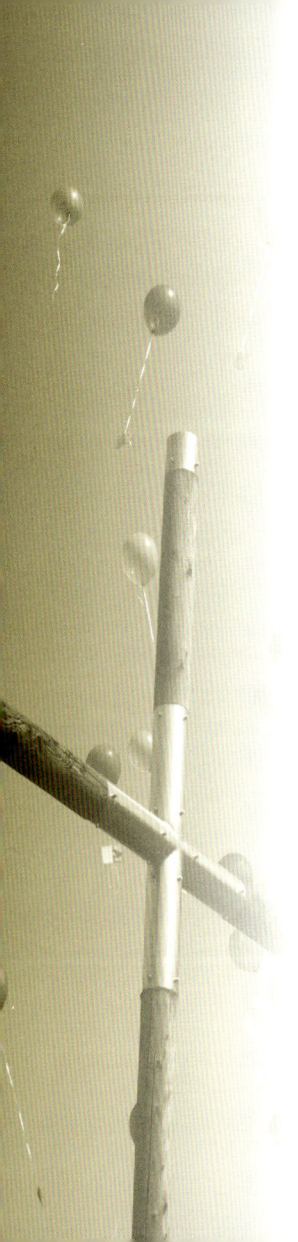

Lieber selber

Ministrant Thomas kommt nach
dem Gottesdienst nach Hause.
„Nun, was hat der Pfarrer gesagt?", fragt ihn die Mutter.
„Er hat gesagt, die Eltern sollen
die Kinder nicht fragen, sondern
lieber selber mit in die Kirche
gehen!", antwortet der Junge.

Gott hat Zeit

Ministrantin Isabell fragt zu Beginn des Gottesdienstes: „Herr
Pfarrer, wieso steht im Schaukasten neben der Kirchentür: ‚Gott
hat immer für dich Zeit!'?"
„Isabell, weil du jederzeit zu Gott
kommen kannst und ihm deine
Bitten und Wünsche vorbeten
kannst."
„Aber warum steht dann weiter
unten kleiner geschrieben: ‚Kirche
täglich von 10 bis 17 Uhr geöff-
net'?"

Der Älteste?

Helmut ist neu in die Gemeinde zugezogen und nimmt erstmals am Ministrantenunterricht teil. Zu Beginn dreht sich das Gespräch um die Familienverhältnisse.

„Bist du zu Hause der Älteste in der Familie?", will der Pfarrer von dem Jungen wissen.

„Nein", gibt Helmut zur Auskunft, „mein Vater und meine Mutter sind älter!"

Der Unterschied

Der Pfarrer ist ganz verzweifelt, weil er die Zwillinge Sven und Marcel in seiner Ministrantenschar nicht auseinanderhalten kann.

„Gibt es denn nicht irgendetwas, was euch beide voneinander unterscheidet?", fragt er die Brüder.

„Doch", erwidert Sven, „Marcel geht gern in die Schule und ich sehe lieber fern!"

Gottes Bodenpersonal

Pri...

Gemei...

Kreis N...

ster

e Krostitz

rdsachsen

Lustiges aus dem Religionsunterricht
und dem Gottesdienst

In Erlangen?

Der Religionslehrer fragt: „Wo ist das Himmelreich, Kinder?"

„In Erlangen", antwortet einer.

„Wie kommst du denn darauf?"

„In der Bibel steht doch: Suchet das Reich Gottes zu erlangen ..."

Wer ist das?

Zeichenstunde kurz vor Weihnachten. Alle Kinder sollen Maria, Josef und das Jesuskind in der Krippe malen. Rolf malt zusätzlich noch ein kleines Männchen. Die Lehrerin sieht die Zeichnung und fragt: „Das ist zwar eine lustige Figur, aber wen aus der Weihnachtsgeschichte soll sie denn darstellen?"

„Das ist Owi!", erklärt Rolf.

„Owi? Wer ist das denn?"

Rolf ist erstaunt: „Sie kennen Owi nicht? Aber wir haben doch vorhin erst gesungen: ‚Stille Nacht, heilige Nacht, Gottes Sohn, Owi lacht ...'"

Lustiges aus Schulaufsätzen

„In den Ferien war ich in einem Kuhstall.
Über den Kühen hing der Name und ein Datum.
Da wusste ich gleich, wie die Kühe heißen
und wann sie Namenstag haben."

„Der Kuckuck unterscheidet
sich dadurch von anderen Vögeln,
dass er seine Eier nicht selber legt."

„Jedes Jahr zu Weihnachten
freuen wir uns auf die Grippe.
Ohne Grippe ist es einfach
kein richtiges Weihnachten,
denn sie bringt uns erst
richtig zur Gesinnung."

Lieber Nikolaus ...

Tim sucht am Vorabend des Nikolaustages einen besonders großen Stiefel zum Aufstellen. Selbst Vaters Stiefel erscheinen ihm zu klein, sodass er nach einer anderen Lösung suchen muss.
Plötzlich kommt ihm folgende Idee: Er bindet die Beinlinge seiner langen Hose unten zusammen und hängt sie mit den Trägern an die Türklinke. Dann heftet er einen Zettel an die Hose, auf dem zu lesen ist:
„Lieber Nikolaus, sei so doll, mach mir meine Hose voll."

Der zerstreute Bauer

„Wisst's, was dem Huber Bauer neulich passiert ist? Der kommt nachts 12 Uhr nach Haus, legt seinen Hund ins Bett und wirft sich selber zur Tür hinaus. – Erst am andern Tage merkt er seinen Irrtum, weil er mit des Nachbars Katze in Streit geriet und nicht bellen konnte."

WILHELM BUSCH

Der Fuchs und die Gänse

Der Fuchs kam einmal auf eine Wiese, wo eine Herde schöner, fetter Gänse saß. Da lachte er und sprach: „Ich komme ja wie gerufen, ihr sitzt hübsch beisammen, so kann ich eine nach der andern auffressen." Die Gänse gackerten vor Schrecken, sprangen auf, fingen an zu jammern und kläglich um ihr Leben zu bitten. Der Fuchs aber wollte auf nichts hören und sprach:

„Da ist keine Gnade, ihr müsst sterben." Endlich nahm sich eine das Herz und sagte: „Sollen wir armen Gänse doch einmal unser junges, frisches Leben lassen, so erlaub uns noch ein Gebet, damit wir nicht in unseren Sünden sterben, hernach wollen wir uns auch in eine Reihe stellen, damit du dir immer die fetteste aussuchen kannst."

„Ja", sagte der Fuchs, „das ist billig und ist eine fromme Bitte. Betet, ich will so lange warten."

Also fing die erste ein recht langes Gebet an, immer: „Ga! Ga!", und weil sie gar nicht aufhören wollte, wartete die zweite nicht, bis die Reihe an sie kam, sondern fing auch an: „Ga! Ga!" Die dritte und vierte folgten ihr, und bald gackerten sie alle zusammen.

Und wenn sie ausgebetet haben, soll das Märchen weitererzählt werden, sie beten aber alleweil noch immerfort.

VOLKSGUT

Besuch im Pfarrhaus

Der siebenjährige Georg wird mit einer Christophorus-Plakette ins Pfarrhaus geschickt. Der Pfarrer möge die Plakette bitte weihen, heißt der ihm erteilte Auftrag. Da die Mutter ihren Lausbuben kennt und ihm in Bezug auf Anstand und gutes Benehmen nicht viel zutraut, erteilt sie ihm eine Portion Verhaltensmaßregeln: „Nimm an der Haustür deine Mütze ab! Und vor allem: Sag anständig Guten Tag!"

Da unterbricht der Sohn seine Mutter und meint: „Nein, Mutti, der Religionslehrer hat uns gesagt, bei Priestern heißt es: ‚Gelobt sei Jesus Christus'!"

Die Mutter, hocherfreut ob dieser unerwarteten Kenntnis christlicher Bräuche, lobt den Jungen und sagt: „Jawohl, so kannst du den Herrn Pfarrer begrüßen!"

Der kleine Knirps zieht ab und erscheint nach geraumer Zeit wieder – strahlend und mit sich selbst zufrieden. Die Mutter erkundigt sich, wie er seinen Auftrag ausgeführt habe.

„Also", berichtet Georg, „die Plakette habe ich abgegeben. Doch der Herr Pfarrer war leider nicht da. So konnte ich auch nicht ‚Gelobt sei Jesus Christus' sagen. Aber die Haushälterin war da, und zu der habe ich dann eben gesagt: ‚Gegrüßet seist du, Maria'!"

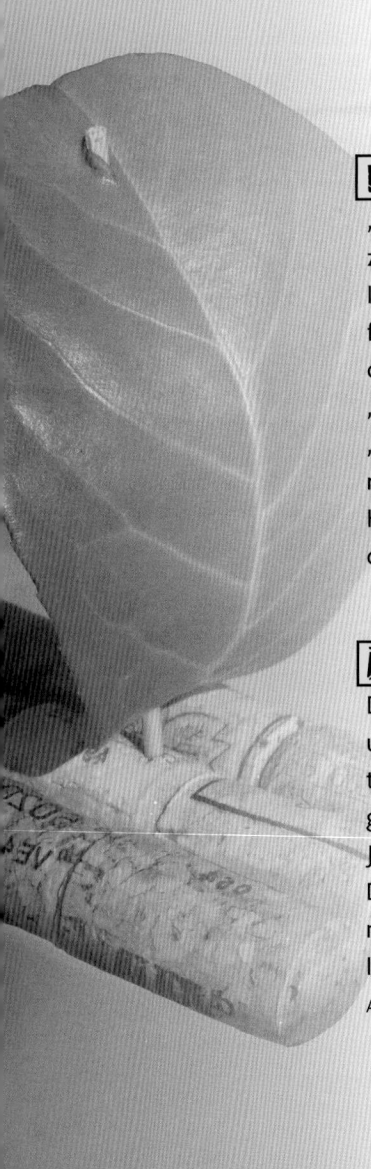

Der Unterschied

„Welcher Unterschied ist
zwischen Hundefutter und
Ihrer Sonntagspredigt?",
fragt ein frecher Ministrant
den Pfarrer.
„Das weiß ich nicht."
„Dachte ich mir, Herr Pfarrer. Hundefutter ist für den
Hund und Ihre Predigt ist für
die Katz!"

Ängstliche Jünger

Da kam ein großer Sturm
und das Schiff schaukelte
tüchtig. Da hatten die Jün-
ger Schiss und einer weckte
Jesus.
Da sagte Jesus zu ihm: „Warum hast du denn Schiss?
Ich bin doch bei dich!"

AUS EINEM SCHULAUFSATZ

An den lieben Gott

Lieber Gott,
die Kirche ist ja ganz in Ordnung, aber die Musik!
Kannst du nicht ein paar neue Lieder machen?

DEIN SVEN

Lieber Gott,
bitte mach meine Schwester etwas
hübscher, damit sie einen Mann kriegt!
Vielen Dank!

DEIN GERHARD

Mit dem Fahrrad?

Die kleine Rosi ist im Sonntagsgottesdienst recht unruhig. Kurz vor der Wandlung mahnt die Mutter: „Jetzt sei mal ganz still! Gleich kommt da vorne der liebe Heiland." In diesem Moment klingeln am Altar die Ministranten. Da fragt Klein Rosi in die Stille: „Kommt der mit dem Fahrrad?"

Die lieben Kleinen ...

Teresa, vier Jahre alt, singt voller Überzeugung das
Lied: „Weißt du, wie viel Sternlein stehen ..."
Die Zeile „Gott, der Herr, hat sie gezählet ..." geht bei
ihr infolge eines „Hörfehlers" aber so: „Gott, der Herr,
hat sieben Zähne, dass ihm auch nicht einer fehle ..."

„Mutti, der liebe Gott muss aber einen sehr großen
Hut haben!" – „Warum?"
„Weil wir in der Schule immer beten: ‚Mach, lieber
Gott, uns fromm und gut und nimm uns all in deine
Hut!'"

Am Ende des Religionsunterrichts meldet sich Bianka:
„Herr Pfarrer, können Sie mir sagen, was wir heute in
der Religionsstunde gelernt haben? Am Abend fragt
mich immer mein Papa – und dann weiß ich nicht,
was ich sagen soll!"

Ein kleiner Heiliger

Die bösen Menschen mag ich nicht.
Ich hab nur mich und die Heiligen lieb.

LARS, 10 JAHRE

„Wir haben morgen keinen Religionsunterricht",
erzählt Inge daheim mit strahlendem Gesicht.
„Wieso denn das?", wundert sich die Mutter.
„Der Pfarrer fährt weg", erwidert das Mädchen.
„Er hat gestern am Ende der Stunde die Bibel zu-
geklappt und gesagt: ‚Morgen fahre ich fort!'"

Eines Abends hat Melanies Mutter vergessen, das
Abendgebet am Bett der Dreijährigen mit dem Kreuz-
zeichen „Im Namen des Vaters und des Sohnes und
des Heiligen Geistes" zu beenden.
Melanie bemerkt das und meint: „Mutti, du hast die
drei Männer vergessen!"

Für Schnellsprecher

Ein tschechischer Chef-
chemiker.

Zehn Ziegen zogen zehn
Zentner Zucker zum Zoo.

In Ulm, um Ulm und um
Ulm herum wachsen viele
Ulmen.

Wäsche weichen, Wäsche
waschen, Wäsche wrin-
gen.

Wenn hinter Fliegen Flie-
gen fliegen, fliegen Fliegen Fliegen hinterher.

Zwischen zwei Zwetsch-
genzweigen zwitscher-
ten zwei zwitschernde
Schwalben.

... dass die Python (eine Riesenschlange) auf der rechten Seite genauso lang ist wie auf der linken?

... dass sich ein weiches Ei nicht als Zahnstocher eignet?

... dass Pfingsten vor Ostern kommt, wenn man den Kalender von hinten liest?

... dass mehrere Schweine kein Meerschwein sind?

... dass der Zweite Weltkrieg (1939–45) um 24 Jahre kürzer war als der Dreißigjährige?

... dass mancher seine eigenen Fingernägel zum Fressen gern hat?

Wetteraussicht für den 16. November: Zunahme der Bevölkerung.

MÜNSTER'SCHER MORGENANZEIGER, 1881

Denjenigen, den ich beleidigt habe, nehme ich hiermit zurück.

BRAUNSCHWEIGER STADTANZEIGER, 1867

Gesucht wird ein Kindermädchen für ein neugeborenes Kind, welches gesund ist und stricken und nähen kann.

HEILBRONNER ANZEIGER, 1880

In der Stadt Metz wohnen 34.255 Katholiken und 8.151 Evangelisten.

FRANKFURTER GENERALANZEIGER, 1889

Herrschaftlicher Kutscher mit guten Zeugnissen, welcher keine Arbeit tut, zum sofortigen Antritt gesucht.

KÖLNSCHE ZEITUNG, 1883

Gericht erlaubt Hühnern das Krähen.

STUTTGARTER ZEITUNG

Oberkassel: Sonnenanbeter sucht 2–3 Zimmer mit viel Sonnenlicht. Da unser Kunde Lehrer ist, muss die Sonne spätestens ab 14 Uhr auf dem Balkon oder der Terrasse scheinen.

Der Hund der betroffenen Familie befand sich während des Einbruchs zur Tatzeit in der Wohnung, laut Aussage der Polizei konnte der einzige Zeuge jedoch keine Hinweise auf den Täter geben.

Die Hochzeitskutsche mit zwei weißen Schimmeln brachte die Braut vom elterlichen Gasthof direkt zur Kirche. Der Pfarrer begann unverzüglich mit dem Trauergottesdienst.

Kinder erhielten ehemalige Lohrenlok zum Spielen im Kindergarten für drinnen und draußen.

Der frohe Rabbi

Einmal musste der Rabbi für eine Weile das Bett hüten, da er ernstlich krank war. Aber sogar trotz seiner Krankheit konnte er noch Witze machen.

Seine Frau war um die Gesundheit ihres Mannes sehr besorgt und konnte ihre Tränen nicht zurückhalten. Als der Rabbi sie weinen sah, sagte er zu ihr:

„Warum weinst du, Liebes? Geh und wasch dein Gesicht, zieh dein bestes Kleid an und lächle!"

„Aber Rabbi", sagte sie, „das kann ich nicht, wenn du solche Schmerzen hast und so viel leidest."

„Doch", erwiderte der Rabbi, „weil ich weiß, dass der Todesengel bald kommen wird. Und wenn er sieht, wie schön du bist, dann wird er vielleicht seine Meinung ändern und dich anstelle von mir mitnehmen!"

Kein Unterschied

Einmal sagte Rabbi Nasruddin:
„Zwischen der Jugend und dem Alter ist kein Unterschied."
Man fragte ihn: „Wieso denn?"
Da antwortete der Rabbi:
„Vor meiner Tür liegt ein Stein. Nur wenige Leute sind imstande, ihn zu heben. In meiner Jugend habe ich versucht, ihn zu heben, und es ist mir nicht gelungen. Später und dann jetzt, wo ich ein Greis bin, ist mir das eingefallen und ich habe es von Neuem versucht, aber ich habe ihn wieder nicht heben können. Diese Erfahrrung ist es, warum ich sage, dass zwischen der Jugend und dem Alter kein Unterschied ist."

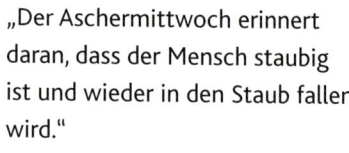

„Der Aschermittwoch erinnert daran, dass der Mensch staubig ist und wieder in den Staub fallen wird."

„Am Karfreitag darf man kein Fleisch essen, außer einen Schwerkranken."

„Die Heiligen Drei Könige warfen sich vor dem Kind nieder, beteten es an und schenkten ihm Gold, Weihrauch und Möhren!"

„Die Erde dreht sich 365 Tage lang jedes Jahr. Alle vier Jahre braucht sie dazu einen Tag länger, und das ausgerechnet immer im Februar. Warum, weiß ich auch nicht. Vielleicht, weil es im Februar immer so kalt ist und es deswegen ein bisschen schwerer geht."

„Orgel und Klavier unterscheiden sich vor allem dadurch, dass an der Orgel die größeren Pfeifen sitzen."

„Eine katholische Schwester kann nicht austreten, da sie zeitlebens im Kloster leben muss."

„Unter der Woche wohnt Gott im Himmel. Nur am Sonntag kommt er in die Kirche."

„Künftige Ehepaare werden vierzehn Tage lang in einem Schaukasten am Gemeindeamt ausgestellt."

„Wenn der liebe Gott auch das Wetter macht, bringt er oft etwas durcheinander. Ich kenne das von meinem Opa, und Gott ist ja auch noch viel älter. Deshalb stimmt auch der Wetterbericht oft nicht."

Kein Pferd

Julia ist bei der Oma zu Besuch. Abends beten sie zusammen das Nachtgebet.

Kaum hat das Mädchen die letzten Worte gesprochen, protestiert es heftig: „Oma, ich will aber kein Pferd werden!"

Die Großmutter schaut es verständnislos an: „Was soll denn das bedeuten?"

Darauf die Kleine: „Immer muss ich bei dir beten: ‚Heiliger Schutzengel mein, lass mich dir ein Fohlen sein!'"

Gottes bestes Stück

Ich weiß, dass der liebe Gott die Welt und alle Vögel und Pflanzen geschaffen hat, aber das Beste, was er gemacht hat, bin ich.

KARIN, 10 JAHRE

Die Bestechung

Der alte Opa Müller hat am Sonntag noch nie einen Gottesdienst versäumt. Jeden Sonntag kommt er in die Kirche und setzt sich mit seinem Enkelkind in die vorletzte Bank.

Aber der Mann wird auch älter und schläft während der Predigt immer wieder ein und stört mit seinem Geschnarche den Gottesdienst.

Da gibt der Pfarrer dem Enkelkind jedes Mal einen Euro, wenn es seinen Opa zuverlässig aufweckt. Das klappt auch prima!

Doch eines Sonntags schläft der Opa wieder ein und schnarcht, wie man es von früher kennt, und auch der Euro wird nicht abgeholt.

Der Pfarrer fragt den kleinen Felix: „Warum holst du dir denn den Euro nicht mehr ab?"

„Den brauche ich nicht mehr!", antwortet der. „Der Opa gibt mir jedes Mal zwei Euro, wenn ich ihn nicht aufwecke!"

Reich beschenkt

„Was schenkst du denn deinem kleinen Bruder zu Weihnachten?", will der Pfarrer vom neunjährigen Ricki wissen.

„Das weiß ich noch nicht", überlegt Ricki.

„Voriges Jahr hat er von mir die Windpocken bekommen."

Aus Briefen an das Christkind

„Meine Großmutter sagt immer, Geben sei seliger als Nehmen. Deshalb erwarte ich das Gleiche von dir."

„Ich möchte eigentlich lieber, dass du einmal im Sommer kommen tätest statt immer nur im Winter, weil ich zu Weihnachten sowieso viele Geschenke bekomme, im Sommer aber keine."

„Auf dem Wunschzettel, den ich hier beilege, habe ich alle Sachen angekreuzt, welche ich unbedingt haben muss. Du kannst mir den Rest aber auch noch bringen."

„Ich bin das ganze Jahr hindurch brav gewesen, mit Ausnahme der Werktage und einiger Sonntage."

„Eigentlich habe ich schon so viele Sachen, dass du mir dieses Jahr nichts zu bringen brauchtest. Dagegen wäre ich froh, wenn du einmal zu mir kommen könntest, um mir bei den Matheaufgaben zu helfen, damit die Note besser wird."

„Meine Freundin Sabine sagt immer, du seist gar kein richtiges Christkind, sondern bloß eine Nachahmung von dir. Aber ich glaube es nicht, solange du mir doch immer etwas bringst."

„Ich weiß, du hast an Weihnachten immer viel Arbeit mit den Geschenken. Aber bitte komm doch dieses Jahr zuerst bei mir vorbei, der kleine Hund ist bestimmt froh, wenn er aus dem engen Karton rauskommt."

Sprüche, Scherzfragen, Kurioses

Fromme und flotte Sprüche

Der Sonntag ist der Tag des Herrn,
am Sonntag schlaf und ruhe gern –
doch bleib auch nicht der Kirche fern!

Bitte Gott um Segen für deine Arbeit,
aber erwarte nicht von ihm,
dass er sie auch noch tut.

Solange du nicht heilig bist,
bist du vielleicht scheinheilig.

Man soll beten –
aber man soll nicht das Blaue
vom Himmel herunterbeten wollen.

Wer sich eine Katze hält,
sollte keinen Vogel haben.

Erstens kommt es anders –
und zweitens als man denkt.

Scherzrätsel

Es ist außen schwarz und innen grün – was ist das?
Ein Pastor, der Spinat gegessen hat.

Was ist eine Reliquie?
Das Knochengerüst von einem Toten!

Was beginnt mit der Taufe?
Das unterirdische Leben!

Wie heißt die sechste Kreuzwegstation?
Simon von Zyrene hilft Veronika das Schweißtuch tragen!

Was tat Luther am 31. Oktober 1517?
Er nagelte 96 Prothesen an die Schlosskirche zu Wittenberg!

Kannst du höher als ein Kirchturm springen?
Selbstverständlich! Ein Kirchturm kann doch nicht springen!

Lego-Jesus

Die neueste Jesusskulptur kommt aus Schweden und besteht aus 30.000 Einzelteilen, genauer gesagt aus 30.000 Lego-Bausteinen. Die 1,80 Meter große Christusfigur ist in der Kirche im schwedischen Vasteras zu sehen. Es dauerte rund anderthalb Jahre, bis die Erbauer alle Klötzchen an die richtige Stelle gesetzt hatten.

Das größte Weihrauchfass der Welt

Auf dem Katholikentag 2008 in Osnabrück kam es zum ersten Mal zum Einsatz: das Weihrauchfass XXL der Jugendkirche Bielefeld. Es wiegt stolze 600 kg, ist 3,86 m hoch und 2 m breit. Das ist ein offizieller Weltrekord! Beim Katholikentag wurden im größten Weihrauchfass der Welt rund 40 kg Weihrauch verbrannt.

Der längste Kickertisch der Welt

Tischfußball ist ein sehr beliebtes Gemeinschaftsspiel – das wissen auch die Barmherzigen Brüder in Gremsdorf. In ihrer Behindertenwerkstatt stellen sie Kickertische aller Art her. Sie waren es auch, die 2006 den größten Kickertisch der Welt bauten. Er ist 12,26 Meter lang und hat Platz für 40 Mitspieler.

Wo kriegten wir die Kinder her,
wenn Meister Klapperstorch nicht wär'?

WILHELM BUSCH

Du bist viel schöner, wenn du lachst,
als wenn du eine Schnute machst.

Blick nicht trostlos in die Welt
wie die dummen Kälber:
Das Gesicht ist dir geschenkt,
lachen musst du selber.

Ein Tag, der ohne Lachen war,
bringt leicht die Schönheit in Gefahr,
er legt dir Falten ins Gesicht,
drum lache viel, vergiss das nicht!

Leb dein Leben, sei fidel
und sei nimmer ein Kamel!

Das Glück ist eine blinde Kuh
und läuft dem dümmsten Ochsen zu.

Was heute könntest du besorgen,
verschieb es lieber gleich auf morgen.

Lustige Sprüche

Holzhacker hackten Holz
hinter Hansens Haus.

Es saßen zwei zischende
Schlangen zwischen zwei spitzen
Steinen und zischten.

Der Cottbuser Postkutscher putzt den Cottbuser Post-
kutschkasten.

Es liegt ein Klötzchen Blei gleich bei Blaubeuren.

Je leerer der Kopf,
desto leichter lässt er sich schütteln.

Ein Onkel, der Gutes mitbringt,
ist besser als eine Tante, die bloß Klavier spielt.

Wenn Dummheit quietschen würde,
müsste mancher mit der Ölkanne herumlaufen.

Kuriose Kreidezeichen

„20 + C + M + B + 04" – diese Kreidezeichen schienen einem Bürger im westfälischen Münsterland verdächtig, woraufhin er die Polizei verständigte. Im Polizeibericht war Folgendes zu lesen:

„Schon beim Lesen der Anzeige hatte der Beamte den Kreis der Tatverdächtigen vor seinem geistlichen Auge eingekreist." Den Sternsingern drohten keine strafrechtlichen Folgen.

Missionierung mit Fäusten

Um mehr Jugendliche für sich zu gewinnen, hat sich eine Freikirche im brasilianischen São Paulo eine sportliche Missionsmethode einfallen lassen:
In der Kirche der Gemeinde wird zu Kickbox-Turnieren eingeladen. Zwischendurch wird gebetet und Gottesdienst gefeiert. Und falls jemand zu kräftig zuschlägt, kann er auch gleich beichten.

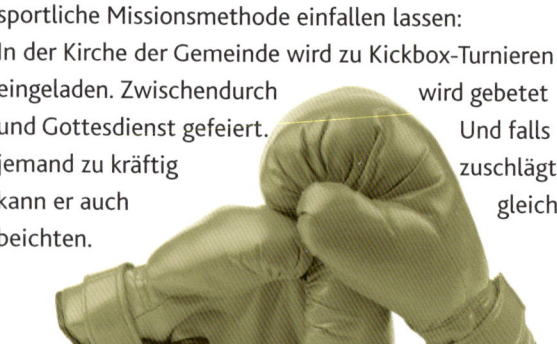

Die größte Kirchenglocke

72 Tonnen schwer ist die
größte Kirchenglocke der
Welt. Seit 2004 läutet sie im
Dreifaltigkeitskloster Sergijew
Possad bei Moskau (Bild). Der
viereinhalb Meter hohe Brocken
kann nur durch mindestens vier
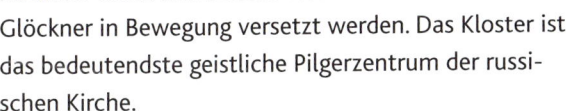
Glöckner in Bewegung versetzt werden. Das Kloster ist
das bedeutendste geistliche Pilgerzentrum der russi-
schen Kirche.

Hoch hinaus

Im Herbst 2008 konnten Jugendliche in der Essener
Liebfrauenkirche einen zehn Meter hohen Kletter-
parcours erklimmen. Ziel des Projekts war es, den
Kirchenraum neu zu erfahren und „Grenzerfahrungen"
zu machen. Die Resonanz auf das Projekt war durch-
aus positiv: Rund 6.000 Besucher zählte der Hochseil-
garten während seiner zweijährigen Tour durch das
Bistum Essen.

Zungenbrecher

Kleine Kinder können keine
kleinen Kirschkerne knacken.

Menschen mögen Möwen leiden,
während sie Löwen meiden.

Bürsten mit weißen Borsten bürsten besser
als Bürsten mit schwarzen Borsten.

Es sprach der Herr von Rubenstein:
„Mein Hund, der ist nicht stubenrein."

Zwischen zwei Zäunen zappeln zehn Zicklein,
zehn Zicklein zappeln zwischen zwei Zäunen.

Ich fuhr auf einem Leiterwagen,
wo Steine und so weiter lagen.

Der Whiskeymixer mixt Whiskey,
Whiskey mixt der Whiskeymixer.

Flotte flinke Fellflicker flicken flink feine Felle.

Der Schnupfen

Ein Schnupfen hockt auf der Terrasse,
auf dass er sich ein Opfer fasse
– und stürzt alsbald mit großem Grimm
auf einen Menschen namens Schrimm.
Paul Schrimm erwidert prompt: „Pitschü!"
und hat ihn drauf bis Montag früh.

CHRISTIAN MORGENSTERN

Heute gibt's Muckefuck ...

Heute gibt's Muckefuck
und Spuckkuchen,
den Mutter buk
für unser Schnuckelchen
Nepomuckelchen.
Muckefuck schluckt man
gluck-gluck,
Spuckkuchen spuckt man
ruck-zuck.
Die Mutter guckt: Nepomuk!
Spuck nicht an den Stuck!
Nepomuk verschluckt sich.
Nepomuk! Hast du
den Kern verschluckt?
Nepomuk sagt: Juckt nich
und duckt sich.
Denn wenn Nepomuk muckt,
lügt er wie gedruckt.

Die Feder

Ein Federchen flog durch das Land;
Ein Nilpferd schlummerte im Sand.
Die Feder sprach: „Ich will es wecken!"
Sie liebte, andere zu necken.
Aufs Nilpferd setzte sich die Feder
Und streichelte sein dickes Leder.
Das Nilpferd sperrte auf den Rachen
Und musste ungeheuer lachen.

JOACHIM RINGELNATZ

100-Minuten-Bibel

Der Jugend das Buch der Bücher zugänglich machen, das wollten anglikanische Geistliche aus England erreichen. Aus dieser Idee heraus entstand eine Kurzversion der Bibel, die in nur 100 Minuten durchgelesen werden kann. Alle wichtigen Erzählungen sind dabei.

Bestseller: Gottes Wort!

Die Bibel ist weltweit das meistübersetzte Buch. Es gibt sie in 2.538 Sprachen (Stand Juni 2012), darunter auch in der Kunstsprache Esperanto.
Die Bibel ist außerdem das meistverbreitete und meistgelesene Buch auf der ganzen Welt. Über 2,5 Billionen Exemplare wurden seit 1815 abgesetzt.

Predigt mit Überlänge

Der anglikanische Pastor Chris Sterry hat im Jahr 2001 einen Weltrekord im Dauerpredigen aufgestellt. Fast 29 Stunden am Stück legte er Texte der Heiligen Schrift aus, begonnen bei der Schöpfung. In der Kirche von Whalley in England wohnten der Marathonpredigt stets Gläubige als Zuhörer bei. Auf der Kanzel waren mehrere Wasserflaschen für den Prediger bereitgestellt worden.

Marathon im Bibellesen

Der italienische Fernsehsender RAI hat im Oktober 2008 die komplette Heilige Schrift von 1500 Menschen in einem Zeitraum von sechs Tagen und sieben Nächten vorlesen lassen. Unter den Vorlesern waren zum Teil Prominente, wie Papst Benedikt XVI., Schauspieler Roberto Benigni, auch der blinde Startenor Andrea Bocelli und Fußballspieler Kaka vom AC Mailand.

Nichts als Sprüche

Ohne Blumen,
ohne Träume,
ohne schöne Purzelbäume,
ohne Wurst und
ohne Speck
hat das Leben keinen Zweck.

Wer morgens dreimal nüchtern schmunzelt,
mittags nicht die Stirne runzelt
und abends singt, dass alles schallt,
wird neunundneunzig Jahre alt.

Wo dicke Luft ist,
machst du dich am besten dünn.

Lieber gesund und reich als arm und krank!

Wer nur schwarz sieht, steht im Dunkeln.

Ein plappernder Kaplan klebt Pappplakate.
Pappplakate klebt ein plappernder Kaplan.

Brautkleid bleibt Brautkleid
und Blaukraut bleibt Blaukraut.

Selten küsst der Küster,
küsst der Küster,
küsst der Küster seine Frau.

Fischers Fritz fischt frische
Fische, frische Fische fischt
Fischers Fritz.

Der Sperber sprach:
„Was machst du, Wachtel?"
„Was machst du, Sperber?",
sagt die Wachtel.

„Hier ruht der Bäcker Knicker.
Er selber war ein Dicker,
seine Semmeln desto kleiner.
O Herr! erbarm dich seiner!"

„Hier liegt in süßer Ruh,
zerdrückt von seiner Kuh,
Franz Xaver Maier.
Hier ersieht jedermann,
wie kurios man sterben kann!"

„Hier ruht das junge Öchselein,
des Schreiners Ochsensöhnelein,
der liebe Gott hat nicht gewollt,
dass er ein Ochse werden sollt'."

Der Ausweg

Wenn sich zwei Ziegen auf einem engen Gebirgspfad oberhalb eines Gebirgssees begegnen – was tun sie dann wohl? Sie können nicht zurückkehren, sie können auch nicht aneinander vorbei, denn es gibt keinen Zentimeter Freiraum mehr auf dem Pfad.

Beide Ziegen wissen instinktiv: Wenn wir uns gegenseitig mit den Hörnern bekämpfen, dann fallen wir beide in den See und ertrinken. Was tun sie? Die Natur hat eine Ziege gelehrt, sich hinzulegen, damit die andere Ziege über sie hinweglaufen kann. So kommen beide sicher und gesund an ihr Ziel.

Versuch du's auch einmal! Es geht!

REINHARD ABELN

Wenn Jesus zu schwer wird

Esel haben bekanntlich ein störrisches Wesen. Das zeigte sich auch bei den Passionsspielen im niederländischen Tegelen, wo mehrere Esel in den Streik traten, weil ihnen der Jesusdarsteller mit seinen 90 Kilogramm offenbar zu schwer war. Sie weigerten sich, ihn zu tragen, und so blieb dem Darsteller nichts anderes übrig, als die Esel neben sich herzuführen, anstatt auf ihnen zu sitzen.

Päpstliche Fußballer

Der Vatikan verfügt über eine eigene Fußballliga, zu der 16 Teams gehören.

Die vatikanische Nationalmannschaft ist bis jetzt sogar ungeschlagen von seinen Konkurrenten aus anderen Kleinstaaten wie San Marino oder Monaco. Die Spieler sind hauptsächlich Schweizer Gardisten, daneben Päpstliche Räte und Personal vom Sicherheitsdienst.

Natürlich spielen die päpstlichen Fußballer in gelb-weißen Trikots, den Farben des Vatikans.

Fromme Lämmer

Die Bibel erzählt die Geschichte der Menschen mit
Gott. Tiere sind nicht ausgeschlossen. Am häufigsten
erwähnt werden Schafe. In Erzählungen, Gleichnissen
und Psalmen tauchen sie insgesamt 200-mal auf.
Hiob, der größte Viehzüchter der Bibel, besaß insgesamt 14.000 Schafe.

SMS-Segen

Für ihren Urlaub können sich Reisende in den Som-
mermonaten einen Segen über SMS schicken lassen.
Pfarrer Dietmar Heeg von der katholischen Fernseh-
arbeit bietet den Service kostenlos an. Um den SMS-
Segen zu erhalten, muss man „Reisesegen" per SMS an
die entsprechende Telefonnummer schicken, die vom
Initiator veröffentlicht wird.

Ein Heiliger, der trau-
rig ist, wäre ein trau-
riger Heiliger.
Ein Heiliger, der ko-
misch ist, wäre ein ko-
mischer Heiliger.

Das ist so sicher
wie das Amen in der Kirche.

Manch einer hält
seinen persönlichen Vogel
für den Heiligen Geist.

Mancher, der denkt,
er habe den Tiger im Tank,
hat nur den Teufel am Kragen.

Hauptsache ein bisschen gesund
und katholisch!

Wie viele Eier konnte der Riese Goliat auf nüchternen Magen essen?

Nur ein Ei, danach hatte er keinen nüchternen Magen mehr.

Was war am 6. Dezember 2005 in Stuttgart?

Nikolaustag.

Ein Hahn legt auf einer Kirchturmspitze ein Ei. Der Wind kommt aus dem Osten. Zu welcher Seite kippt das Ei?

Zu keiner Seite. Hähne legen keine Eier.

Was hat 6 Füße, steht in der Kirche und singt?

Das Trio.

Welches Huhn legt keine Eier?

Das Suppenhuhn.

Warum kann der Hase doppelt so schnell fressen wie die anderen Tiere?

Weil er zwei Löffel hat.

Den Gläubigen einheizen

Der Maschinenbauer Martin Sandler aus Kaufbeuren will mit seiner Erfindung fröstelnden Kirchgängern in unbeheizten Kirchen zu Hilfe kommen. Wärmende Sitzkissen für die Kirchenbänke sollen den Gläubigen den Kirchenbesuch angenehmer machen. Thermogewänder für Pfarrer und Ministranten gibt es auch im Heizsortiment. Bei so wohltuender Wärme darf der Pfarrer ruhig mal länger predigen.

Beten in der Disco

Der Essener Pfarrer Steffen Hunder hat die Geburt Jesu am Weihnachtsfest 2007 in der Essener Disco MUPA gefeiert. Mit einem Gottesdienst wollte er kirchenferne Jugendliche erreichen. Der Gospelgottesdienst stand unter dem Motto „MUPA betet, MUPA singt, MUPA tanzt." Einige Hundert Jugendliche hatten daran teilgenommen.

Oh, Herr Hochwürden!

Päpste, Kardinäle, Bischöfe

Der Chauffeur und der Papst

Der Papst fährt mit seinem Chauffeur in Amerika auf der Autobahn. Der Papst hat den Wunsch, auch mal selbst Auto zu fahren. Der Chauffeur gibt nach. Aber leider fährt der Papst zu schnell, ein Polizeiauto stoppt ihn. Der Polizist sieht den ertappten Papst und ruft seinen Chef an: „Was soll ich tun?" – „Strafen natürlich!"
„Aber nein, das geht nicht, es ist eine hohe Persönlichkeit ...!"
Der Chef stutzt: „Wer soll es denn sein? Strafen – es wird schon nicht der Gouverneur sein ..." Der Polizist: „Der Gouverneur? Viel höher!"
Darauf wieder der Chef: „Lächerlich, das wäre ja der Präsident der Vereinigten Staaten ..."
„Nein", unterbricht ihn der Beamte, „viel höher!"
„Machen Sie keine dummen Witze und sagen Sie mir endlich: Wer ist es?"
Darauf der Polizist: „Ich weiß es auch nicht genau, aber der Papst ist sein Chauffeur!"

Heile dich selbst!

Eines Tages kam eine vornehme Dame zu Papst Pius IX. und wollte sich für eine wunderbare Heilung bedanken. „Heiligkeit", sagte sie, „seit Jahren quält mich mein krankes Bein. Nun hatte ich die Gelegenheit, mir einen Ihrer Strümpfe zu besorgen.

Nachdem ich ihn angezogen hatte, bin ich sofort gesund geworden!"

„Da haben Sie aber großes Glück gehabt, gute Frau", erwiderte ihr sichtlich erheitert der Papst. „Denn ich ziehe jeden Morgen zwei von meinen Strümpfen an und dennoch kann ich kaum gehen!"

„Fürchtet euch nicht!"

Papst Leo XIII. musste sich gelegentlich porträtieren lassen. Einmal musste sich der Papst stark zurückhalten, da der Maler offensichtlich eine andere Vorstellung von seinem Äußeren hatte als er selbst. Doch er wollte keine Auseinandersetzung und so hielt er still. Nachdem die Arbeiten beendet waren, fragte der Maler den Papst, was er für einen Spruch unter das Bild schreiben solle.

Der Papst antwortete sofort: „Schreiben Sie darunter: Matthäus 14,27 – Leo XIII."

Der Maler tat, was ihm gesagt wurde. Doch als er nach Hause kam, schlug er voller Neugier in der Bibel nach und las dort: „Ich bin es, fürchtet euch nicht!"

Von höchster Stelle

Papst Johannes XXIII. besuchte in Rom ein Krankenhaus. Es trug den Namen „Heiliger Geist" und wurde
von Ordensfrauen geleitet.
Die Oberin kam, von dieser Ehre ergriffen, herbeigeeilt
und stellte sich dem Papst mit folgenden Worten vor:
„Heiliger Vater, ich bin die Oberin vom ‚Heiligen
Geist'."
„Haben Sie aber ein Glück, ich bin nur der Stellver-
treter von Jesus Christus", gab der Papst schmunzelnd
zurück.

Gegen Langeweile

Der philippinische Kardinal Ricardo Vidal hat den Priestern in seiner Diözese ein besonderes Geschenk gemacht: einen Wecker. Damit möchte er einigen Geistlichen auf die Sprünge helfen, falls sie mal wieder zu lange predigen sollten. Denn für den Erzbischof von Cebu sei nichts schlimmer als Langeweile in der Kirche.

Die richtige Reihenfolge

Während eines diplomatischen Empfangs sprach Nuntius Roncalli, der spätere Papst Johannes XXIII., mit dem Oberrabbiner von Paris. Beim Eintritt in den Speisesaal wollte ihm der Rabbiner den Vortritt lassen. Roncalli wehrte ab: „Oh nein, erst das Alte Testament, dann das Neue!"

Nicht so wichtig ...

Ein neugeweihter Bischof beklagte sich in einer Privataudienz bei Papst Johannes XXIII., dass die Verantwortung seines neuen Amtes ihn nicht mehr schlafen lasse.

„Oh", sagte der Papst mitleidsvoll, „mir ging es in den ersten Wochen nach meiner Wahl genauso. Aber dann sah ich eines Nachts in einem Traum meinen Schutzengel, der mir zuraunte: ‚Johannes, nimm dich nicht so wichtig!' Seitdem kann ich wieder gut schlafen!"

Der Papst und der Gardist

Papst Leo XIII. ließ sich jeden neuen Soldaten der Schweizergarde vorstellen. Bei dieser Gelegenheit stellte er ihm drei Fragen in folgender Reihenfolge: „Wie alt bist du? Wie lange verträgst du zu fasten? Hast du noch Vater und Mutter?"

Eines Tages erschien ein Gardist, der kein Italienisch verstand. Seine Kameraden sagten ihm die Fragen und er lernte die Antworten auswendig.

Ausgerechnet an diesem Tag änderte der Papst die Reihenfolge der Fragen und begann: „Wie lange vermagst du zu fasten?"

S. Pietro

„24 Jahre", antwortete der junge Mann.

„Wie alt bist du?", fragte der Papst weiter.

„Zwei Tage."

Jetzt erst merkte der Papst, dass etwas nicht stimmen konnte, und rief aus: „Einer von uns beiden muss den Verstand verloren haben!" Der Rekrut hielt das für die dritte Frage und antwortete: „Beide!"

Lachattacke und Kopfsalat

Spaß und Spiel für Minis

Der Hirte und seine Schafe

Ein Hirte hatte 17 Schafe. Alle starben, außer neun.
Wie viele blieben ihm noch?

Neun.

Drei Fische im Netz

Pfarrer und Hobbyangler Scholle hat drei große Fische
gefangen. Sie wiegen zusammen 10 Kilo.
Der zweite Fisch ist um ein Drittel schwerer als der
erste. Der dritte Fisch ist um ein Viertel leichter als der
zweite. Wie schwer ist jeder der drei Fische?

Der erste und der dritte Fisch wiegen je drei Kilo, der zweite vier Kilo.

Aufgepasst!

Ministrantin Eva sagte: „Ich kann die Zahl 8 achtmal
in einer Reihenfolge schreiben, sodass als Endergebnis
1000 herauskommt." Kannst du es auch?

$8+8+8+88+888=1000$.

Wie heißt der Wallfahrtsort?

Du kennst sicher Redewendungen, die man oft hört und deren Wörter einfach zusammengehören, wie z. B. „Sie zog mit Schall und Rauch ab" oder „Er musste auf Heller und Pfennig bezahlen". Bei den folgenden Wendungen fehlt die passende zweite Hälfte. Wenn du sie richtig errätst, dann ergeben die Buchstaben auf den unterstrichenen Punkten der Reihe nach gelesen einen bekannten österreichischen Wallfahrtsort.

xxxxxx und Stiel
xxxx und Braus
Pauken und xxxxxxxxx
Stock und xxxxx
xxxx und Bein
ab und xx
Nacht und xxxxx
Knall und xxxx
Reih und xxxxx

Stumpf, Saus, Trompeten, Stein,
Mark, zu, Nebel, Fall, Glied – Mariazell.

Nachricht mit Geheimtinte

Vielleicht möchtest du deinem Freund aus der Ministrantenrunde eine Nachricht zukommen lassen, die keiner außer ihm selbst lesen soll. Das ist ganz einfach:
Schreibe deine Nachricht mit Essig-, Zitronen- oder
Zwiebelsaft auf normales weißes Papier! Verwende
einen alten Füller, den du nicht mehr brauchst und
vorher gut gereinigt hast. Sobald die Schrift trocknet,
verschwindet sie auch.
Dein Freund braucht das Papier nur vorsichtig über
einer Kerzenflamme mit genügend Abstand zu erwär-
men – und schon ist deine Geheimbotschaft lesbar.

Wer bin ich?

Mit E bin ich ein himmlisches Geschöpf; mit A fang ich
dir manchen Fisch.

Engel, Angel.

Was ergibt die Gleichung?

Spielkarte
+ italienische Bejahung
+ italienische Bejahung
= Stadt in Mittelitalien

Assisi.

Geteilte Äpfel

Zwei Ministran-
tinnen fanden in
einem fremden Gar-
ten 20 schöne Äpfel.
Sie wollten sie so teilen,
dass eine von ihnen – nämlich die, welche die Äpfel
entdeckt hatte – einen Apfel mehr bekam als die andere. Wie haben sie das angestellt?

Das eine Mädchen bekam 10 ½, das andere 9 ½ Äpfel.

Was soll Rainer einkaufen?

Ministrant Rainer soll für seine Mutter einkaufen.
Unterwegs zerreißt ihm Robert den Zettel in der Mit-
te. Nun weiß Rainer nicht, was er kaufen muss. Füg
ihm die Worte auf den zwei Blättern wieder zusammen!

Auf dem einen Blatt steht: Zu – Karto -
Marmel - Schi - Kak - Ei.

Auf dem anderen Blatt ist zu lesen:
ao, ade, ffeln, er, nken, cker.

Zucker, Kartoffeln, Marmelade, Schinken, Kakao, Eier.

Vorgeknöpfte Wörter

Für dieses Spiel in eurer Runde braucht ihr Papier, Bleistifte und viele Knöpfe oder Spielsteine. Nun denkt ihr euch den Namen verschiedener liturgischer Gegenstände oder Begriffe aus dem Ablauf des Gottesdienstes aus. Alle Vokale (a, e, i, o, u) eures Wortes schreibt ihr mit dem Bleistift auf. Alle Konsonanten ersetzt ihr durch Knöpfe oder Spielsteine.
Eure Mitspieler müssen die Begriffe erraten.

Beispiele:

liturgisches Gewand
_o_ _e_ _ (Rochett)

liturgisches Gerät
A_ _ e_ _i_ _ (Aspergill)

Sammlung von Geldspenden
_o_ _e_ _e (Kollekte)

Stille Post

Alle Spieler sitzen im Kreis. Einer denkt sich einen Begriff aus, der mit dem Ministrantendienst zu tun hat und den er seinem Nachbarn ins Ohr flüstert, z. B. die Gaben zum Altar bringen. Dieser flüstert wiederum seinem Nachbarn weiter, was er vom Ersten verstanden hat usw. Am Schluss muss der Letzte in der Runde laut sagen, was er von seinem Nachbarn verstanden hat. Oft kommt Lustiges dabei heraus.

Nachsprechspiel

Einer beginnt mit: „Ich kenne drei Worte, die ihr nicht nachsprechen könnt." Du fängst an: „Ministrant." – „Ministrant." „Kirche." – „Kirche."
„Falsch!"
„Aber wieso denn? Ich habe doch richtig Kirche gesagt!"
„Will einer der anderen es mal probieren?"
Ein anderer versucht es, und wieder rufst du „falsch" nach der Antwort. Zuletzt kommt wohl jemand darauf, dass das dritte Wort „falsch" heißen könnte.

Das Pantomime-Ratespiel

Ein Mitspieler wird aus dem Raum geschickt. Die anderen denken sich etwas aus, das mit Ministranten-dienst zu tun hat. Diesen Begriff versuchen sie, pantomimisch (also ohne Worte) darzustellen. Also z. B. Weihwasser tragen, Rauchfass schwenken, Buchdienst usw. Der Ratende wird dann wieder hereingeholt und muss nun anhand der Bewegungen der anderen erraten, welcher Begriff gemeint ist.

Die Restschuld

Oberministrant Felix leiht sich von seinem Freund 100 Euro und verspricht, jede Woche die Hälfte der Rest-schuld zurückzuzahlen. In der ersten Woche also 50 Euro, in der zweiten Woche 25 Euro usw. Wann hat Felix die 100 Euro ganz zurückbezahlt?

Niemals. Weil Felix nur die Hälfte der Restschuld bezahlt, bleibt immer ein Rest.

Stimmt das?

Ministrant David probiert bei seinem Freund einen Rechentrick aus, den er sich selbst ausgedacht hat. Er sagt:

„Denk dir eine einstellige Zahl aus, zähl noch einmal so viel hinzu, addiere zehn, teile durch zwei und zieh die zuerst gedachte Zahl ab! Es kommt immer fünf heraus!"

Stimmt das?

Es stimmt! Beispiel: 1 + 1 = 2, 2 + 10 = 12, 12 : 2 = 6, 6 - 1 = 5

Karl ist 24 Jahre alt. Er ist doppelt so alt, wie Fritz war, als Karl so alt war, wie Fritz ist. Wie alt ist Fritz?

Fritz ist 18 Jahre.

Vorsicht, Falle ...

Was kann man mit 200 Nullen anfangen?

100 Klotüren beschriften!

Welcher Spiegel kann nicht zerbrechen?

Der Wasserspiegel.

Wie muss es richtig lauten: 7 mal 17 sind 109 oder 7 mal 17 ist 109?

Beides ist falsch. Denn 7 mal 17 ist 119.

Was ist schwarz und weiß und schwarz und weiß und weiß?

Zwei Pinguine auf einem Eisberg.

Was kann durchs geschlossene Fenster fallen, ohne dass es die Scheibe zerbricht?

Das Sonnenlicht.

Zauberei?

Für diesen Trick brauchst du nur eine Schachtel Streichhölzer.

Du nimmst dir 20 Zündhölzer und gibst einem deiner Zuschauer die gleiche Anzahl.

Dann erklärst du die Spielregel: Abwechselnd kann jeder von euch zwei Ministranten ein bis sechs Streichhölzer auf den Tisch legen. Der von euch beiden, der die Anzahl der Hölzer als Letzter auf 25 ergänzen kann, hat gewonnen. Egal, wer beginnt, immer bist du der Gewinner.

Wie das funktioniert? Du musst nur darauf achten, dass du die Anzahl der Streichhölzer jeweils auf vier, sieben, elf oder achtzehn ergänzt.

Also: Legt dein Gegenspieler zum Beispiel zuerst vier Hölzer, legst du drei dazu. Das macht sieben. Jetzt legt der andere vielleicht sechs. Das sind dann dreizehn. Jetzt legst du fünf und ihr seid bei achtzehn Hölzern. Egal, wie viele dein Gegenspieler nun legt: Wenn du beim nächsten Mal dran bist, kannst du die Anzahl auf 25 ergänzen.

Ostereier im Körbchen

Fünf Gästen wurden fünf Ostereier serviert.
Jeder sollte ein Ei haben und doch noch eins im Körbchen bleiben. Wie machte das die gastgebende Familie?

Der letzte Gast bekam das Ei mitsamt dem Körbchen.

Geschenke

Ein Ministrant sagt zu seiner Mutter: „Frag du doch mal die Tochter meines Vaters, was sie der Tochter seines Vaters zum Geburtstag schenkt."
Wer will wem was schenken?

Die Schwester des Ministranten möchte der Tante des Ministranten etwas schenken.

ap – del – do – fel – gar – gel – i – ka – ko – la – min – na – nau – ne – ne – ni – no – ort – son – sul – tan – tan – tar – ten – us.

Suche aus diesen Silben folgende Wörter:

1. Gestirn
2. Siedlung
3. Nähwerkzeug
4. Beamter
5. Baum
6. Obst
7. Anbaufläche
8. türkischer Kaisertitel
9. Teil des Hauses
10. Tier
11. Jungenname
12. Fluss

Die Anfangsbuchstaben ergeben den Namen für ein „Glückskind".

Die Anfangsbuchstaben ergeben das Wort Sonntagskind.
Lösung: 1. Sonne, 2. Ort, 3. Nadel, 4. Notar, 5. Tanne, 6. Äpfel, 7. Garten, 8. Sultan, 9. Kamin, 10. Igel, 11. Nikolaus, 12. Donau.

Der Trick mit dem Buch

Du gibst einem Spielkameraden die Bibel und behauptest: „Ich habe den Inhalt der Bibel von vorne bis hinten auswendig gelernt. Das will ich euch beweisen. Darum gehe ich jetzt nach nebenan. Ihr ruft mir dann irgendeine Seitenzahl zu und ich rufe euch den ersten Satz auf dieser Seite zurück."

Gesagt, getan. Deine Freunde werden staunen.
Dabei ist doch alles ganz einfach: Nebenan liegt ein zweites Exemplar dieser Bibel noch einmal!

Aberglaube ade

Die Ministranten der Kirchengemeinde sind im Sommerlager. Peter kommt ganz aufgeregt ins Zelt gerannt. „Franz, ich habe gerade vier Hufeisen gefunden. Wie ist das möglich?"

„Ist doch ganz klar, da läuft irgendwo ein Pferd barfuß herum!"

Wasser-Wettlauf

Stellt zwei große Wassereimer an die Startlinie und zwei kleinere Eimer an die Ziellinie. Teilt euch in zwei Mannschaften auf. Jede Mannschaft steht an einem der großen Eimer. Zum Start des Wettlaufs schöpft der Erste jeder Mannschaft Wasser in einen Joghurtbecher, läuft zu dem kleinen Eimer, schüttet das Wasser hinein, läuft wieder zurück und übergibt den Becher dem nächsten seiner Mannschaft. Der Haken ist: In die Joghurtbecher habt ihr vor Spielbeginn lauter Löcher gebohrt. Während des Wettlaufs läuft also ständig Wasser heraus. Die Mannschaft, die den kleinen Eimer zuerst gefüllt hat, gewinnt das Spiel. Die Joghurtbecher sollten aber bei beiden Gruppen gleich viele Löcher haben.

Reise nach Jerusalem

Für dieses Spiel stellt ihr ein paar Stühle im Kreis auf. Die Lehnen zeigen in die Kreismitte. Es gibt einen Stuhl weniger, als Kinder an dem Spiel teilnehmen. Wenn ihr also acht Mitspieler seid, stellt ihr sieben Stühle auf. Nun geht es los!

Jemand, der nicht mitspielt, lässt Musik laufen. Alle Kinder tanzen so lange um die Stühle, bis die Musik plötzlich ausgeschaltet wird. Dann setzen sich alle ganz schnell hin. Wer keinen Platz findet, scheidet leider aus.

Nun nehmt ihr einen Stuhl weg, und das Spiel geht weiter. Wer kommt in Jerusalem an? Der Sieger darf in der nächsten Runde die Musik bedienen.

Gehirngymnastik

Bei diesem Spiel muss jeder der Ministranten seinen Kopf anstrengen. Alle Mitspieler sitzen im Kreis und bekommen nacheinander die Aufgabe, einen möglichst langen, aber sinnvollen Satz zu bilden. Das Schwierige dabei ist, dass jedes Wort dieses Satzes mit dem gleichen, vorher bestimmten Buchstaben (ausgenommen natürlich die Buchstaben C, J, Q, X, Y) beginnen muss. Richtige Profis basteln Sätze, die möglichst viele Wörter enthalten, die mit dem Ministrantendienst in der Kirche zu tun haben.

Ein Satz mit dem Buchstaben „A" kann zum Beispiel so lauten:

> „Am Aschermittwoch achten alle
> Autofahrer auf Ampeln."

Das ist nicht immer leicht, macht aber Spaß. Wer den längsten Satz bastelt, ist Sieger.

Warum?

Ein Mann geht nach Hause und hört auf einmal das Klingeln eines Telefons in einer Telefonzelle. Er freut sich tierisch und rennt nach Hause. Warum?

Der Mann war lange taub, wurde gerade operiert und durfte nach Hause gehen. Auf dem Heimweg nahm er das erste Mal die Ohrstopfen heraus, die man zum Schutz mitge-geben hatte. Das Erste, was er hörte, war das Telefon.

Die Wortschlange

Ein Mitspieler nennt ein Wort, das mit dem Ministran-tendienst zu tun hat. Der Nächste muss mit dem End-buchstaben dieses Wortes ein neues Wort beginnen. Die Wörter dürfen nicht doppelt vorkommen. Wem nach einer Minute kein Wort mehr einfällt, der schei-det aus.
Beispiel: Aspergill – Lektionar – Rochett usw.

Wie geht das?

Zwei Ministranten – der eine lang, der andere kurz – wollten von einem sehr hohen Schrank einen Koffer holen. Da sie keine Leiter besaßen, stieg der kurze Junge dem langen auf die Schulter. Doch so sehr er sich auch streckte, er konnte den Koffer nicht erreichen. So gaben die beiden ihr Vorhaben auf.

Wie hätten sie es anstellen können, den Koffer trotzdem ohne weitere Hilfsmittel zu erreichen?

Der lange Junge hätte auf den Schultern des kurzen stehen müssen, da dieser die längeren Arme hat.

Wer weiß es?

Das Erste sollst du sein,
das Zweite bist du gewesen
und durch des Ganzen Macht
von aller Not genesen.

FRIEDRICH SCHLEIERMACHER

Christkind.

Ein Kopf für zwölf Dinge

Insel – Stern – Abend – Mann – Baum – Tag – Geschenk – Lied – Zeit – Krippe – Gebäck – Feier.

Schau dir die zwölf Wörter genau an! Du sollst ein Wort finden, das du vor alle zwölf Dinge setzen kannst. Sie bekommen dann einen ganz neuen Sinn.

Weihnachts-Insel, Weihnachts-Stern, Weihnachts-Abend.

Falsch gesungen

Wie müssen die folgenden Advents- und Weihnachts-
lieder richtig heißen?

1. Advent, Advent, ein Englein pennt.

2. Schneeflöckchen, Weißröckchen, wann wirst du
gescheit?

3. Leise rieselt der Schnee, still und starr auf den Klee.

4. Vom Himmel hoch, da komm ich her, ich muss euch
sagen, der Sack ist leer.

5. O Tannenbaum, o Tannenbaum, wie übel ist das
Wetter.

5. O Tannenbaum, o Tannenbaum, wie grün sind deine Blätter.
4. Vom Himmel hoch, da komm ich her, ich bring euch gute neue Mär.
3. Leise rieselt der Schnee, still und starr ruht der See.
2. Schneeflöckchen, Weißröckchen, wann kommst du geschneit?
1. Advent, Advent, ein Lichtlein brennt.

Quellenverzeichnis